Originalausgabe

© by Mathias Bellmann. *Das Werk einschließlich aller Inhalte ist urheberrechtlich geschützt. Alle Rechte vorbehalten.*

Ahnengedichte

© 2023, Mathias Bellmann
Herstellung und Verlag:
BoD – Books on Demand, Norderstedt
ISBN: 9783741272660

Nicht aus dem Nichts, sondern aus einer unendlich langen Kette an Vorfahren ist jede:r von uns hervorgegangen. Wir sind die Früchte eines alten Baums. Wir sind die Brut eines edlen Geschlechts. Wir sind das Geschenk der Götter der Fruchtbarkeit. In uns webt ein altes Band. In uns leben unsere Ahnen fort. Verbinde dich mit ihnen. Nutzte ihre spirituelle Kraft, die in dir verborgen liegt und reihe dich ein in ein Band, welches zurückreicht bis zum Anfang.

Das lyrische Band der Ahnen

Das lyrische Band der Ahnen
Wird dich in die Zukunft tragen!

Es ist da!
Es ist noch da.
Es wird weiter da
Sein.

Das lyrische Band der Ahnen
Erhebt dich in himmlische Bahnen.

Mit wehenden Fahnen
Hisse ich das Banner der Ahnen
Und lasse dich von diesem Band
In eine legendäre Zukunft tragen.

Tropfen

Du bist ein Tropfen
Im Band der Ahnen.

Du bist eine Welle
Und wirst vom Ozean
Der Ahnen getragen.

Du bist hier,
Weil sie kämpften
Und gewannen.

Du bist hier,
Weil sie
Nicht aufgaben.

Du bist ein Knoten
Im Generationsnetz
Deiner Vorfahren.

Du bist der Samen,
Gemacht von deinen Ahnen,
Um ihr Erbe weiterzutragen.

Die Ersten

Sie lebten in den Steppen,
Wäldern und Feldern.

Sie bauten die ersten Häuser,
Siedlungen und Städte.

Sie säten die Samen
Deines Leben.

Sie sind deine Ahnen
Und leben noch immer
In deinen Blutbahnen.

Ahnen waren und sind
In dir. Wahre.
Ahnen warben um Liebe,
Um deine Genlinien
Zu zeugen.
Ahnen gaben ihr ganzes Herz
Für dich und deine Zukunft.

Ein Stück Ahnen

Bei jedem Schritt
Geht ein Stück
Von ihnen mit dir.

In jedem Augenblick
Lebt ein Stück
Von ihnen in dir.

An jedem harten Tag
Schützt ein Stück
Von ihnen dich.

In jeder großen Not
Umarmt ein Stück
Von ihnen dich.

Bei jedem Atemzug
Weht ein Stück
Von ihnen in dir.

Bei jedem Herzschlag
Wächst ein Stück
Von ihnen in dir.

Wahrer Pfad

Wahrer Ahnenpfad
Tag und Nacht.

Nicht vergangen,
Solange du bist.

Nicht vergangen,
Solange du ihr Erbe
Weiterträgst.

Der wahre Ahnenpfad
Ist dein Erbe
Am Tag und in der Nacht.

Dein Ahnenpfad
Gibt dir Kraft und Macht,
Vor allem gibt er dir Geleit
Und heilige Verbundenheit.

Verbunden

Lebend
Verbunden
Mit den Toten

Mein Blut
Ist ihr Erbe
Die Erde
Ihr Tempel

Lebend
Im Einklang
Mit den Ahnen

Ihr Wille
Ist mein Sein
Das Ahnenkleid
Ist jetzt mein

Lebend
Verbunden
Mit Vergangenem

Mein Dasein
Ist ihr Verdienst
Ihre Liebe
Führte mich hierher

Lebend
Verbunden
Mit ihrem Streben.

Das Wunder der Geburt

Geboren in dunkler Nacht
In Fellen eingehüllt
Nur das Feuer schützt

Geboren im hellen Kreißsaal
Auf einer medizinischen Liege
Viele Menschen helfen

Geboren wurden wir einst
Geboren werden wir heute
Geboren werden wir werden

Unsere Ahnen gebaren
Wie unsere Kinder gebären werden
Das Band unserer Geburten
Trägt uns durch den Zeitenlauf

Wahre Ahnen, ohne sie nachzuahmen

Mit den Ahnen leben,
Heißt nach dem Besten zu streben,
Aber nicht, dass wir die Ahnen
Nachahmen.

Sie waren, wie sie waren.
Wir sind, wie wir sind.
Dies war ihre Welt.
Das hier ist unsere Welt.

Wir sind verbunden
Und stellen uns den Prüfungen;
Sie damals, wir heute.

Wir ahmen euch nicht nach Ahnen,
Aber mit euren Gaben werden
Wir Großes wagen und in eurem Namen
Den Sieg von dannen tragen.

Immer

Tief in mir ruht ihre Kraft.

Verborgen in Tradition und Kultur leben sie fort.

Ihr Band ist ungebrochen.

Sie waren und wir sind ihr Sein.

Unsere Kinder werden sie unsichtbar begleiten.

Vergangen und doch noch.

Bei jedem Schritt gehen sie mit.

Ahnen leben in unseren Genen für immer fort.

Spirituelle Gemeinschaft

Allein
Wirst du niemals sein.
Das Band der Ahnen
Wird dich tragen.

Allein
Bist du nie gewesen,
Denn das Band der Ahnen
Hat dich getragen.

Einsam
Kannst du niemals leben,
Solange du mit deinen Ahnen
Im Einklang webst.

Einsam
Wirst du niemals sein,
Solange du deine Ahnen
Ernsthaft liebst.

Alter Fluss

Alte Pfade
Im Unterbewusstsein

Alte Gabe
Längst toter Ahnen

Geprägt über
Generationen

Konditioniert im Strom
Der Vergangenheit

Alte Werte
Ploppen auf

Alte Reaktionen
Leben fort

Wir sind sie
Ohne sie zu sein

Aus der Dunkelheit ins Licht

Träume platzen.
Erinnerungen schmerzen
Und Dunkelheit frisst
Die Seele auf.

Wenn du einsam bist;
Wenn du dich verloren fühlst,
Dann erinnere dich
An deine Ahnen.

Vor vielen Jahren
Lebten deine Ahnen
In genauso und noch
Härteren harten Tagen.

Sie überlebten für dich.
Sie kämpften für dich.
Also nimm ihre Kraft auf
Und steh wieder auf!

Wir

Wir scheitern,
Wie sie scheiterten.

Wir siegen,
Wie sie siegten.

Wir verlieren,
Wie sie verloren.

Wir lieben,
Wie sie liebten.

Wir sind ihre Kinder.
Sie waren unsere Ahnen.

Wir tragen ihr Erbe,
Das sie uns übergaben.

Auch in schlechten Zeiten

Auch wenn ich weine,
Werden meine Ahnen
Bei mir sein.

Auch wenn ich scheitere,
Werden meine Ahnen
Bei mir sein.

Auch wenn ich verzweifle,
Werden meine Ahnen
Bei mir sein.

Sie sind in mir
Und ihre spirituelle Kraft
Ist immer da.

Sie sind in mir
Und ihre Liebe
Hält mich warm.

Gräber

Am Grab meiner Vorfahren,
Meinen jüngsten Ahnen.
Hatte es winterfest gemacht.
Jetzt deck ich es ab.

So oft kam ich mit Oma
Und wir kümmerten uns um Opas
Grab. Heute kümmere ich
Mich um ihres.

Meine jüngsten Ahnen:
Eure Gesichter sind mir bekannt.
Eure Namen sind mir wahr.
Eure Liebe lebt in mir fort.

Am Grab meiner Vorfahren,
Meinen jüngsten Ahnen.
Ich danke für eure Gaben
Und die grenzenlose Liebe.

endlose Reihen

Strom
Der Zeit
Weit gereist

Band
Der Ahnen
Endlose Nachfahren

Wie ein Zug
Der in die Zukunft rast
Sind die Generationen

Wie ein Fluss
Der immer weiterfließt
Kommen die Geburten

Endloses
Kommen und Gehen
Manches Wiedersehen

Der Liebe Kraft
Schafft was gemacht
Für die Ewigkeit

Wünsche und Bitten

Eine Botschaft geben sie euch mit:
Gebt niemals auf!

Eine Bitte richten sie an euch:
Seid gerecht.

Einen Wunsch erbitten sie sich:
Schafft eine bessere Welt.

Eure Ahnen sind vergangen,
Doch ihre Wünsche leben fort.
Eure Ahnen sind vergangen,
Doch sie richten Bitten an euch.

Baut eine bessere Welt,
Das ist ihr Wunsch.
Schafft eine gerechtere Welt,
Das ist ihre Bitte.

Für die Kinder. Für ihre Kinder. Für eure Kinder.

Alte Mächte

Tief in mir ruht
Meine wahre Natur.

Unbewusst pocht
Die alte Hoffnung.

Das alte Erbe
Wiedergeborener Erde.

Die Samen
Aus vergangenen Tagen.

In jedem Herz
Lebt der Ahnen Wert.

Zwischen uns ringt
Das Schicksalslicht.

(K)allein

Ich gehe allein
Die Straße lang.
Doch in mir lebt
Eine alte Kraft,
Die immer bei mir ist.

Ich stelle mich
Den harten Prüfungen allein.
Doch in mir schreien
Tausend Stimmen und
Schwören bei mir zu sein.

Ich schaue ins Spiegelbild
Und sehe nur mich.
Doch der Lauf meiner Ahnen
Formte dieses Gesicht!

Ich fühle mich allein,
Doch kann es nicht sein.
Selbst allein im kleinsten Raum
Werden alle meine Ahnen
Bei mir sein.

Geteiltes Leid

Ich zweifel.
Zweifeltet ihr auch?

Ich scheitere.
Scheitertet ihr auch?

Ich versagte.
Oh ihr meine Vorfahren
Kanntet ihr auch
Das Versagen?

Einen uns die harten Stunden?
Einen uns der Kampf und Streit
Der harten, dunklen Zeit?
Eint uns der Kummer und
Einen uns die Sorgen?
Eint uns der Traum
Von einem besseren Morgen?

Auch du!

Im letzten Augenblick
Wirst du eine von ihnen werden.
Mit deinem letzten Atemzug
Wirst du eine Ahnin werden.

Sie waren, wie wir sind
Und blickten zurück
Auf die Linien,
Aus denen sie entsprungen.

Einst wird jemand blicken
Auf dich.
Einst wird sich jemand erinnern
An dich.

Du bist Teil des Kreises.
Du bist Teil der Linien.
Du bist Teil des Bandes
Zahlloser Generationen.

Niemals aufgeben!

Aufgeben
Oder weitergehen.

Hätten deine Ahnen aufgegeben,
Würdest du heute nicht leben!

Deshalb musst du weitergehen
Und darfst niemals aufgeben!

Für deine Ahnen. Für dich
Und für alle Generationen, die folgen.

Gib nicht auf
Und vollende deinen Schicksalslauf.

Du bist bereit. Du bist dabei.
Du bist auserkoren, denn du bist
Geboren.

Wie ihr

An den guten
Und den schlechten Tagen
Will ich die Erinnerung
An euch in mir tragen.

Kalte Tage und
Hungernde Jahre lagen
Hinter euch und doch
Gabt ihr nicht auf.

Ihr gabt mehr als ich,
Deshalb sehe ich
Zu euch auf!

Im Angesicht der Not
War eure Liebe groß genug,
Um die nächste Generation
Zu hegen und zu pflegen.

Ihr habt nicht aufgegeben
Und deshalb will ich
Euch nachstreben!

Alt und neu

Das Ende des Weges
Ist der Beginn eines Neuen.

Wenn die alte Generation geht,
Beginnt die Neue zu streben.

Der Samen des alten Baums
Und der junge Spross.

Die kahlen Äcker des Winters
Grünen und samen wieder.

Das zahnlose Lachen des Opas
Und sein zahnloses Enkelkind.

Der letzte Tropfen Tränen
Und das erste zarte Lächeln.

Früchte

Mein Vater
Und dessen Vater
Und dann steh da ich
Und seh meinem Kind
Ins Gesicht.

Meine Mutter
Und ihre Mutter
Und dann ist da meine Schwester
Und reift zur Frau.

Lebenslang
Zusammen gehangen.
Dafür sei Dank.

Gemeinsam
Aufgefangen
Ein Leben lang.

Unbekannte Ahninnen

Unbekannte Namen
Einer unbekannten Vergangenheit,
Doch ihr Erbe ruht
In meinem Blut und meiner Seele.

Unbekannte Taten
Unbekannter Generationen,
Doch ihre Wege
Erschufen unsere Welt.

Unbekannte Sorgen
Einer unbekannten Zeit
Reichen bis in die Leben
Unserer Gegenwart.

Unbekannte Liebe
Und unbekannte Ehen
Zeugten die Linien,
Aus denen Ich geboren.

Ahnengalerien

In meinem Traum fliege
Ich zum Weltenbaum
Und fliege hinab
In Hels Totenwelt.

Ahnengalerien.
Ahnenpfade.
Ahnengeister.
Ahnenbilder.

Ich sehe die Ahnen
Meiner Blutbahnen.
Ich sehe sie speisen,
Spielen und lachen.

Fahle Gesichter. Alt.
Bereit für den nächsten Schritt.
Kräfte zerren.
Wege erben.

In meinem Traum
Am Weltenbaum.
In meinem Geist
Bin ich gereist.

Chaosruf

Wege ins Licht,
Das sich im Brunnen bricht
Und die Zukunft besticht.

Ahnen säen
Meine Wege
Und ich gehe
Auf jedem.

Was gewesen war
Ist für immer wahr
In der Welt der Namen.

Der Schein des Feuers
Offenbart Ungeheuer
Und das was teuer.

Wir leben,
Um zu geben.
Wir streben
Auf Ahnenwegen.

Wir erinnern uns!

Warum wir uns erinnern?

Weil es wahre Liebe ist.
Weil es unsere Kultur ist.
Weil es wertvoll ist.

Unsere Ahnen lebten
In den harten Tagen,
Die wir nur aus den
Geschichtsbüchern kennen.
Sie lebten unter Qualen,
Seuchen und Kriegen
Und doch gaben
Sie nicht auf.

Wir erinnern uns
An ihren Kampf.
Wir erinnern uns
An ihren Mut.
Wir erinnern uns
An ihre Tugenden
Und an ihre
Liebe zu uns.

Tiere

Waben
Eines Bienenstocks

Wohnblocks
Wie ein Ameisenhügel

Große Dämme
Wie die Biber

Wir Menschen
Sind Kinder der Natur

Genau wie unsere Ahninnen
Sind wir eins mit ihr

Freie Ahnen

Das Erbe dieser Erde
Besteht aus vielen Ketten.
Oh ihr Ahnen, welcher Wahn
Ließ sie euch freiwillig tragen?
Ich schüttel sie ab!
Ich zerreiße sie.
Denn ich weiß, das Leben
Der ersten Menschen war hart,
Aber es war frei.

Freiheit ist unser ältestes Erbe.
Sie ist älter als jede Herrschaft.
Frei ist das Blut aller Germanen
Und kein Führer darf uns knechten.
Frei ist das Herz aller Menschenahnen
Und kein König darf uns knechten.
Frei ist der Geist aller Wahren
Und kein Priester darf uns knechten.

Urzeit

Wilde Ahnen
Nacktes Fleisch
Unzivilisiert

Dunkle Höhlen
Harter Kampf
Hunger

Fallen und Speere
Kurze Leben
Unsicherheit

Wege des Fleisches
Ewiges Wandern
Sonnenuntergang

Ein Feuer
Viele Gesichter
Geschichten

Zehntausende
Endlose Jahre
Evolution

Kulturtechniken

Ich stehe hier
Im dunklen Keller
Meiner Jugend.

Die ersten Küsse
Und Herzensbrüche.
Der erste Suff
Und die wilden Partys.

In mir pochte
Die Glut.
In mir erwachte
Ein alter Mut.

Ich wusste nicht,
Was ich heute weiß.
Denn erst heute begreif
Ich, wie sehr meine Ahnen
Mich prägten schon in Kindertagen.

Ich tat, was ich tat
Auf den Spuren des alten Pfads.
Ich feierte, küsste und fickte
Wegen der in mir gesäten Triebe.
Sie prädestinierten mich
Und ich erinnerte mich
Durch das unsichtbare Erbe.

Erben der Natur

Am Wasserfall.
Ströme der alten Zeit.

Der Glockenklang
Des Windspiels am Fensterrand
Fängt die bösen Träume ein.

Ahnen sahen und gaben
Uns wertvolle Gaben.

Im Wind singt
Ihr Erbe frei und klingt
In den Weiden.

Das Knistern
Des Lagerfeuers
Und der Klang meiner Trommel.

Der Rausch
Des Baches unten
Bei der alten Brücke.

Erinnerungskultur

Bilder,
Stoffreste,
Schilder,
Lieder,
Gedichte,
Speere und Schwerter:
Endlose Dinge,
Um uns zu erinnern.

Erinnert euch Freunde!
Erinnert euch an jene,
Die vor euch waren.
Erinnert euch an eure Ahnen!

Gefühle,
Geschichten,
Erlebtes und erzähltes.
Tragt ihre Namen.
Tragt ihre Taten.
Tragt eure Ahnen.

Bemalte Höhlenwand

Traumwandler.
Zwischensphären.
Tage im Nebel.
Nächte in der Andernwelt.

Felle um Lenden.
Feuerschein der Höhle.
Kälte und Ruß.
Bemalte Hände.

Nacktes Fleisch.
Behaarte Brust.
Harte Winter.
Umbruch.

Wieder hier.
Einfach und hart.
Zivilisationsgestank.
Innere Emigration.

Fantasie als Flucht.
Verstand als Bastion.
Realität des Traums.
Zerstörtes Alltagsbild.

Alt und jung

Babys.
Reihen.
Alte Greise.

Eben jung
Und geboren.
Dann schon alt
Und grau geworden.
Kreislauf.

Meine Oma
War ein Neugeborenes.
Mein Baby
Wird eine Oma sein.
Wandel der Zeit.

Ich bin das legendäre
Mittlere Alter
Zwischen Kindheit
Und Greisentum
Und rase immer fort.

Babys reifen
Zu Greisen.
Beide lächeln
Zahnlos.

Stammhirn

Kleine Risse im Alltag.
Blicke in eine fremde Zeit.
Roh. Ur. Hart.

Stammhirnkram.
Uga. Uga. Reflexe.
Es lebt in uns weiter.

Angriff und Flucht.
Laute ohne Sinn.
Wilde Attitüde.

Lagerfeuer.
Sammeln und jagen.
Großstadtlandschaft.

Kleine Risse im Bewusstsein.
Altes Erbe aus Steinen.
Uralt. Aktuell.

Wahre Ahnen

Wahre Ahnen tragen
Ihre Erben über endlose Jahre.

Wahre Ahnen leben
Für alle kommenden Generationen.

Wahren Ahnen beachten
Jede ihrer Taten und wie sie weiterfahren.

Wahren Ahnen laben
Sich nicht an sinnlosem Geschwätz.

Wahren Ahnen wagen das höchste Ziel
Zum Glück der Kommenden.

Wahre Ahnen erlangen mehr, als sie haben
Für die Kinder, die ihnen folgen.

Ahnenglaube

Dein Glaube
Formt dein Leben
Dein Glaube
Baut dein Haus

Deine Fehler
Sind im falschen Glauben
Zu finden

Glaube an das Band
All deiner Ahnen
Glaube daran, den Weg
Mit ihnen zu gehen

Dein Ahnenglaube
Wird dich führen
Dein Ahnenglaube
Wird dir Stärke spenden
Dein Ahnenglaube
Wird dich bis zum Himmel tragen

Ahnenwünsche

Der Ahnen Gaben
In den Flüssen
Bergen, Feldern
Und in den Sternen.

Der Ahnen Träume
Leuchten am Himmel
Und in den Laternen
Auf den Straßen.

Der Ahnen Wünsche
Wehen in den Fahnen
Und den Videos
Im Computer.

Der Ahnen Wege
Sind verborgen
In unseren Herzen und
Offenbaren einen Blick,
Der uns über alles hinausführt.

Vermächtnisse

Wir treiben
Im Strom der Zeiten

Wir sind allein
Und untrennbar verbunden

Wir sind der Hort
Und wir fließen im Fluss

Wir sind die Kinder
Und Binder neuer Generationen

Wir sind die Gemachten
Und neu Erschaffenden

Wir sind die Lüge des Spiegelbilds
Und die Wahrheit der zukünftigen
Vergangenheit

Kinder

Kinder spielen
Auf sicheren Wegen.
Geboren aus den Lenden,
Derer die vor ihnen gingen.

Lehrt sie das Band der Ahnen.
Lehrt sie die Namen
Jener, die vor ihnen gegangen.

Der Kinder Ahnen
Schufteten und malochten.
Der Kinder Ahnen
Gaben niemals auf
Und kämpften ohne Unterlass.

Deshalb sollen die Kinder
Sich erinnern.
Deshalb sollen die Kinder
Wissen, was ihre Ahnen
Für sie taten.

Feiert!

Familienfeste
Erlösen vom tristen Alltag
Seit ewiger Zeit.

Kinder von heute
Seid nicht Gefangene
Eurer Digitalgeräte:
Lebt euren kleinen
Familienclan.

Erinnert euch,
Wenn ihr feiert,
An die Jahre, Jahrhunderte
Und Jahrtausende eurer Ahnen,
Wie sie genauso feierten.

Feiert! Tanzt! Lacht!
Heute wie in alter Zeit.
Reiht euch ein in das Band.
Erneuert es mit eurer Kraft.

Beide

Ein alter Mann stimmt
Den Ahnengesang an.
Ein junges Mädchen
Begleitet ihn.

Es ist ein Duett
Wie aus einem Märchen.
Diese Stimmen werden
Für Äonen schwingen.

Die beiden bleiben
Im Gedächtnis der Welt.
Die beiden sind
Die Stimme der Welt.

Ein alter Mann und
Ein junges Mädchen singen
Und lassen uns die
Generationen fühlen.

Liebe Ahnen ...

Liebe Ahnen meine Tage sind hart. Dunkle Wolken stehen am Horizont und das rettende Licht ist nicht in Sicht. Ich ehre euch und eure Namen. Ich ehre den Schweiß und das Blut, welches ihr gabt.
Eure Tage waren hart, wahrscheinlich härter als meine. Doch ich will nicht vergleichen und aufhören zu klagen. Ihr seid meine Ahnen und für euch will ich das Licht unseres Bandes tragen.
Denn auch wenn meine Tage hart sind, so habe ich euch in mir. Denn auch wenn kein Licht in Sicht ist, so trage ich euch in mir. Denn auch wenn ihr nicht mehr direkt lebt, ihr lebt weiter in mir.
Dunkel sind diese Tage und hart die Jahre. Orkane wüten und Wellen brechen über mir zusammen. Vulkane spucken heiße Glut und Schlangen ihr Gift. Ich spüre jeden Stich und jeden Schmerz. Doch für euch gebe ich nicht auf!

Hinterm Mond

In den Hügeln
Bei den Geistern
Und den alten Gräbern.

Mama nannte es
Hinterm Mond,
Weil es soweit weg war
Von der großen Stadt.
Dort blühten Schneeglöckchen
Jedes Jahr und wir fuhren hin.

Dort war sie aufgewachsen,
Fern von der Hektik der Stadt
Und mit heißen Steinen nachts
Als Heizung im Bett.

Woher stammen deine Eltern?
Wie haben sie gelebt,
Bevor dein Gesicht sich
In ihren Augen spiegelte?

Zurückgeblieben

Ich greif nach euch
Wie nach einem Geist.
Einst ward ihr da und
Unsere Leben wahr.
Bis der Tod euch entrissen
Und quält mich mit vermissen.

Ich erinnere mich
Und ich bedanke mich
Für die vielen Jahre
Und glücklichen Tage,
Die wir zusammen genossen
Und zusammen gesessen.

Ihr seid vergangen
Und von mir gegangen.
Ich bin geblieben
Mit dem Erinnern.
Mit Liebe im Herz
Erinnere ich euren Wert,
Den ihr für mich hattet
Und weiter haben werdet.

Sich ändern

Nie wieder Angst.
Nie wieder der innere Kampf
Gegen die Gespenster der Vergangenheit.

Ich will frei sein.
Ich will reifen
Und mich von der Last befreien.

Ich lausche dem Wind.
Ich spüre die Magie
Und die Größe der Natur.

Ich bin bereit, mich zu ändern,
Denn ich will meine Ahnen ehren
Mit großen Taten.

Ich will Neues lernen
Und Macht erwerben,
Denn ich will nicht vergessen werden.

Ich stehe an seinem Grab
und lege den Schwur ab,
Für ihn alles zu geben!

Wir sind die Ahnen

Der Tag wird kommen,
Da wir die Ahnen sind.
Die Jahren werden vergehen
Und wir zur Erinnerung werden.

Wer willst du sein
Für die Kinder von morgen?
Was sollen sie über dich denken
Die Kinder von morgen?

Das Band der Ahnen
Gemacht von den Gegenwärtigen.
So wie wir jetzt die Gegenwärtigen sind,
Werden wir bald das Band der Ahnen sein.

Auf unseren Schultern ruht Verantwortung.
Uns ist die Macht gegeben, zu prägen,
Wie das Morgenland sein wird.
Unsere Liebe formt sie.

Der Tag ist nah,
Da wir die Ahnen sind.
Die Jahre verfliegen und
Wir werden zur Erinnerung.

Der alte Bund

Wege ins Herz
Sind es wert.

Die Vergangenheit lacht
Mit aller Kraft.

Nähre das Wissen
Mit gutem Gewissen.

Der Ahnenpfade
Sind ewige Jahre.

Die Trance beim Tanzen
Lässt Welten wanken.

Der alte Bund
Ist gelungen.

Samen der Zeit
Reichen unendlich weit.

Archaisch

Träume in den Schatten
Aus einer längst vergessenen Zeit.

Wut und animalischer Zorn
Gepaart mit tierischer Geilheit.

Archaische Trommeln
Und wilde Rufe.

Felle und nacktes Fleisch.
Kreise im Feuerschein.

Höhlen und Rinden.
Regen tropft durchs Blätterdach.

Tod und Geburt
Zu jeder Zeit.

Feinde ohne Schutz;
Nur der blanke Kampfesmut.

Wäm

Kommen und gehen.
Sterben oder überleben.
Das Wehen der Zeit
Und der vereiste Augenblick.
Tränen im Wind.
Lachen im Sonnenschein.
Vom Tipi bis zum Penthouse.
Vom Pferd bis zum Jet.

Mähren mehreren zugleich.
Verrückter Raub der Zeit.
Äonenschmetterlinge
Und Chaosstürme.
Der Weckruf der Welt.
Augen und Bärte.
Haarige und Rasierte.
Kultur im Kulturkampf.
Generationen im Widerstand.

Wimmern in Kinderzimmern
Mörsergranaten und
Wilde Friedenstauben.
Märsche aus Millionen
Soldaten oder Demonstranten.
Der Globus in grün und blau.
Die Mondlandung als Weltschau.
Der Opa im Garten
Und die Pubertät im Club.
Klein und groß
Zwischen alt oder neu.
Sei nicht scheu:
Schau in dein Zeitspiegelbild.

Mutter und Vater

Für Mama was repariert
Und an Vaters Grab
Blumen hinterlegt.

Einst lag ich hilflos
In Windeln gewickelt.
Einst war ich schutzlos
Und brauchte sie.
Einst war ich wehrlos,
Doch Vater war da.
Einst war ich ahnungslos,
Doch Mutter war da.

So klein und zart
In dieser harten Welt.
Sie waren mein Kokon,
Mein schützendes Zelt.
Zeit verging
Und ich lebte.
Sie nährten und
Pflegten mich.

Sie ist alt und
Er schon gestorben.
Ihr Bruder liegt
Im Friedwald.
Wie viele Tage
Bleiben noch?
Danke für die Jahre
Reiner Familienliebe.

Dank den Vorfahren

Ewig Dank
Für euren Kampf
Gegen die Härten
Des Lebens

Ewig Dank
Für euren Mut
Und die Glut
Eurer Herzen

Ewig Dank
Für eure Liebe
Und die zarten Triebe
In mir

Ewig Dank
Für die Treue
Und die Reue
Um besser zu sein

Ewig Dank
Für eure Leben
Dank derer
Ich bestehe

Glaube an dich!

Finde dich
Und vergiss
Zweifel und Angst.

Sie kommen
Wie Dämonen
Über dich, aber
Sie sind nicht real.

Nimm an dein Erbe.
Nimm auf das Band.
Du bist ein Glied
Der Generationen.
Vertraue darauf!

Deine Angst ist stark
Und dein Zweifel ist groß.
Zerstöre ihn mit der Macht
Deines wahren Glaubens.
Glaube an dich und die Ahnen,
Die dich mit erschufen.

Innerer Kampf

Quere Wege.
Krude Gedanken
Und Wahnsinnsgefühle.

Nah dran am
Inneren Untergang.
Auf der Brücke
Vorm Sprung in den Suizid.

Dann rollen Gedanken.
Gedanken an die Ahnen.
Gedanken an eine Urzeit.
Sie gingen und kämpften
In harten Zeiten
Und gaben niemals auf.
Also muss ich runter schlucken.
Also muss ich tapfer sein.
Also muss ich ihrem Vorbild folgen!

Großeltern

Streifen
Durch die Straßen
Meiner Jugend.

Erinnerungen
An Kindergartenfreunde
Und Oma und Opa.

Ich Glückspilz
Hatte für viele Jahre
Zwei Omas und Opas.

Zu selten war der Dank
Über dieses Glück
Mir bewusst.

Doch jetzt bin ich mir gewahr
Und grenzenlos dankbar
Für meine Großeltern.

Heute sind sie lange tot,
Doch mein Herz überwand diese Not
Und gab sich Dank und Erinnerung hin.

Aus dem Grund

In jedem Schritt weben unsere Träume. In jedem Augenblick schwingt unsere Hoffnung mit. Jeder Moment ist eine Kette aus Äonen. Jedes Lebensglück ist aus der Vergangenheit geboren.

Diese Welt ist ein Geschenk aus der Hand der Vergangenen. Dieser Tag ist die Krönung vieler tausend Jahre. Dieser Weg beginnt mit der Geburt.

Unsere Leben gebären und werden aus den Gebärenden. Unsere Wünsche leben länger als unsere Sorgen. Unsere Sehnsucht wächst mit jedem Lächeln und unsere Liebe fühlt die wahre menschliche Tiefe.

Mittendrin

Ich lebe,
Weil ihr lebtet.

Ich gehe,
Weil ihr gingt.

Ich atme,
Weil ihr atmetet.

Aller Kummer,
Alle Freud,
Alles Glück,
Welches ich
Erfahren kann,
Prägtet ihr.
So wie sie:

Die Kommenden!
Geprägt von denen
Die waren.

Unerwartet

Ich weiß nicht,
Wie mein Weg weitergeht.
Aber ich weiß,
Wenn ich zurückblicke,
Dass es ihnen nicht
Anders ging.

Ungewiss
Ist der Schicksalsweg.
Wagemut
Ist was bleibt.

Ich kenne nicht
Die Prüfungen, die warten.
Ich kenne nicht
Die Aufgaben, die auftauchen.
Ich kenne nicht
Die Gaben der Wahren.

Aber ich weiß,
Sie haben es geschafft.
Aber ich weiß,
Sie haben es gemeistert.
Denn deshalb bin ich hier.
Deshalb bin ich heute so,
Wie ich bin.

Weltensängerin

Tausend Tage.
Tausend Jahre.
Tausend Generationen.

Die Zeit rast
Und der Moment
Steht still.

Winde fegen
Und Wellen bersten.
Ein Vulkan speit.

Selbst die Kontinente wandern.
Wann wandern unsere Gene
Ins ferne Weltall?

Die neue Wiege
Und die alte Bahre.
Alles glänzt im Spiegelbild.

Jedes Jahr

Junge Sonnenstrahlen
Der Frühlingssonne.
Die Reste des Winters
Hängen noch in den Nächten.

Die Eier des Hasen warten
Auf die Kleinen im Garten,
So wie sie einst auf mich warteten,
Als ich klein war.

Das Grün ist zurück
Und mit ihm die Blüten.
Die Tage werden länger
Und die Röcke kürzer.

Jedes Jahr dieses Ritual.
Das Rad der Jahreszeiten
Dreht sich seit alter Zeit
Wie ein heiliger Gral.

Lila Frühlingsblüher
Und summende Bestäuber.
Es klingt wieder nach Frühling.
Es singt wieder im Thing.

Verbunden

Neuer Mut,
Nur indem ich euch gedenke:
Ahninnen.

Es ist kein Witz:
Es funktioniert!

Werde eins mit dem Strom.
Werde eins mit deinen Ahnen.

Diese Verbindung gibt dir Kraft.
Diese Verbindung bringt dir Frieden.

Probiere es, statt zu zweifeln.
Fühle sie, statt den Stress.
Sei dir ihres Segens gewiss
Und vergiss alle Kritiker der Welt.

Gestern. Heute. Morgen.

Heute Beton,
Davor Pflasterstein
Und einst staubige
Sandstraße.

Heute atmungsaktive Allzweckklamotten,
Davor Jeans und edler Lederlook
Und einst Felle und Schnüre.

Weit weg geflogen,
Davor mit dampfender Lok
Und einst mit nacktem Fuß.

Wir sind mittendrin
Im ewigen Wandel.
Was heute beginnt
Morgen bestimmt.
Was gestern war
Bestimmt unsere Tage.

Was sie dachten,
Baute diese Stadt.
Was sie fühlten,
Werden wir stolz
Weiterführen.

Dazwischen

Zwischen dunklen Stunden
Und strahlendem Sonnenschein.

Zwischen Himmel
Und Unterwelt.

Zwischen Tag und Nacht
Im Schein der Kerzen.

Zwischen dir und mir
Liegen tausend Jahre.

Wir sind, weil wir uns
Bedingen.

Durch Gene. Durchs Atmen.
Durch Mut und Abenteuerlust.

Zwischen meiner Welt
Und deiner.

Zwischen der heutigen Zeit
Und der Vergangenen.

Fetzen

Alte Bilder
Und Geschichten.

Gesten in den Gesichtern
Der Enkel, die an Oma
Und Opa erinnern.

Gedankenfetzen
Aus einer alten Zeit.

Schwingungen im Rauschen
Der Badewanne und des
Wasserhahns.

Da ist etwas in den Ritzen unserer Wahrnehmung. Da ist eine tiefere Ebene. Das ist eine Wahrheit, die nach uns ruft. Aus alter Zeit. Aus lang vergangenen Tagen. Aus dem was war. Aus dem was in der Vergangenheit, zu uns sah.

Vaters Schaukelpferd

In den Laubbäumen
Schwingen meine Träume.
Im Himmel tanzt
Mein Nordstern.

Der Morgen küsst
Mich auf die Nase
Und mein Geist entrückt
In einer Seifenblase.

Mehr noch fließt
Das ferne Nordmeer
Und mehr noch sind
Die verflossenen Ahnen.

Endlos waren ihre
Gütigen Gaben.
Meine alte Wiege
Und die meines Vaters.

Hölzern ruht sein
Altes Schaukelpferd.
Modrig verwittert meine
Alte Spielkonsole.

Der Regenbogen klingt
Und mein Herz schwingt.
Alte Fotos; analog und digital
Mit frischen Erinnerungen gepaart.

Vergangene

Mit jedem Moment
Vergeht ein Stück von dir
Und du wirst,
Wie deine Ahnen wurden:
Vergangen.

Die Zeit frisst
Tropfen für Tropfen.
Das Leben verrinnt
Schluck für Schluck.

Am Ende des Lebens
Wirst du völlig vergehen.
Am Ende deiner Tage
Erwartet dich die Bahre.

Du wirst Ahne werden
Und sie werden deiner
Gedenken.

Sie werden sich erinnern
Und ihre Leben an dich binden.

Aus alt mach neu

Morgens im Bett
Sich noch einmal
Vor dem Tag verstecken.
Wie war es für sie
Vor langer Zeit?

Keine weichen Decken
Aber Stroh mit Zecken.
Kein fließend Wasser
Dafür triefnasser Wind
Durchs offene Fenster.

Keine warme Heizung
Dafür die Reizung
Vom Kuhdung und
Hühnermist.

Kein Handy oder TV
Dafür die nackte Sau
Im Langhaus.

Meine Welt - ihre Welt.
Welche wem besser gefällt?
Mein Leben - ihr Leben:
So verschieden!

Ahnenaltar

In einer dunklen Welt,
Die regiert wird vom Geld,
In der sich jeder selbst
Der nächste ist, sind
Die Ahnen viel wert.

Denn die Erinnerung stärkt.
Die Erinnerung prägt.
Die Erinnerung beschützt.

Hier und jetzt allein,
Doch mit ihnen vereint.
Hier und jetzt verlassen,
Doch mit ihnen zusammen.

Ihr Streben prägte unser Wesen.
Ihre Taten wurden zu unseren Jahren.
Ihr Glaube ist unser Vertrauen.

Allein in einer Millionenstadt,
Bau ich mir einen Altar
Aus Stroh und Steinen,
Den ich ihnen weihe.
Er ist das Symbol für sie.
Er ist die Verbindung zu ihnen.
Er ist mein Anker.

In einer kalten Welt

Körner
Hinterm Horizont.
Hinter jedem Stern.
Hinter dem Anfang
Der Universen.

Momente des Lebens.
Eine Zelle teilt sich
Und wird zu zweien.
Menschen werden
Geboren und auserkoren.

Augen verliebt und scheu.
Träume ohne Reue.
Lauf Kind. Lauf.
Nichts hält dich auf!

Dein Schicksal wartet.
Deine Träume sprießen.
Alles was du willst,
Ist dir vorherbestimmt.
Nur sieh in dein Spiegelbild!
Sieh dir selbst ins Gesicht
Und erkenne, wer du wirklich bist.

Gleich dem Ahnenkleid

Donner grölen
Und Blitze zucken.
Wahnsinniger Wind
Zwingt mich zum Lachen.

Der Regen peitscht.
Die Luft ist elektrifiziert.
Zwischen allem zerreißt
Mein bürgerliches Kleid.

Meine Ahnen lebten im Wald,
Auf den Hügeln und in den Heiden.
Ich will mich nicht bürgerlich kleiden.
Denn ich will meine Ahnen weihen
Mit Natur.

Frei wie der Rhein.
Breiter als die Alpen.
Endlos wie der Kaukasus.
Wahr wie das Nordmeer.

Frei will ich sein
Mit einer Zunge schärfer
Als das schärfste Schwert.
Selbstbewusst will ich sein
Mit Wörtern schneller
Als jedes Maschinengewehr.

Frühling

Tau auf den Knospen:
Der Frühling naht.
Runde Bäuche
Nach dem Winterschlaf.

Die neue Brut
Des Menschenreichs.
Tierische Würfe
In Hügeln und Teichen.

Brünstiger Beischlaf.
Neues Leben erschaffen.
Überall blüht neues Leben
Und ist bereit, alles zu geben.

Nester in den Bäumen.
Liebe lässt träumen.
Schäume des Neuen.
Wege ins Leben.

Instanzen gaben
Zu Wahrem Wahres.
Herzen laben sich
Am warmen Schoss.

Tausende

In den Augen der Zeit
Sind wir klitzekleine Reisende.
Doch unsere Herzen
Sind gigantische Riesen.

Wir fühlen tief
Und spüren jeden Seitenhieb.
Wir verbinden uns mit den Strömen
Des endlosen Zeitstroms.

Gene und Reflexe
Sind kein Gehexe.
Alte und ältere Traditionen
Im Rausch der Generationen.

Wir sind hier zwischen ihr.
Wir sind mehr als wir sind.
Wir sind der Zeit Geschöpf.
Alles und nichts.

Sanftes Eisenschwert

Wege ins Paradies.

Hügel und verborgene Pfade
Draußen in den Heiden
Und drinnen im Unterbewussten.

Alt und neu.
Ein Blick gefärbt
Durch die Erfahrungen
Vieler Generationen.

Wege ins Himmelreich.
Strohtode und Schlachtenfall.
Nachts oder am Tag.
Jederzeit. Überall.
Wartet der Gevatter.
Wartet die Zweigesichtige.

Sie fielen. Ich wuchs.
Junger Baum. Große Esche.
Einsamige Nüsschen
Mit zungenförmigen Flügeln.
Fliegt Vögel! Fliegt!
Seid frei! Ohne Ketten und Schranken.
Seid frei im Herz.
Seid frei im Geist.
Heilt die alte Zeit

Durch bessere Geschichten!

Zusammen mit ihnen.

Lach,
Weil sie lachten.

Tanz,
Wie sie tanzten.

...und wenn du weinst,
Dann lass sie bei dir sein.

Deine Ahnen waren
Und sind jede Regung
In dir.

Deine Ahninnen waren
Und werden für immer
Bei dir sein.

Deine Vorfahren waren
Und sind doch jeden Tag
Mit dir vereint!

Niemand

Ich bin ein Gefangener
Meiner Zeit.
Unendlich gereist
Im eiskalten Weltall.

Ich bin die Esche und die Eiche
Und der Deich vieler Leben.
Ich bin das grenzenlose Reich
Magischer Reben.

Ich bin der Spross
Und der kostbare Same.
Ich bin die Gabe
Der Äonen.

Zwischen mir liegt nichts
Und um mich das goldene Zukunftslicht
Und das Buch alles Vergangenen.
Ich bin der Moment, der atomar schwingt
Und alles hervorbringt.

Kettenglieder

Mein Weg war einst
Ihr Weg und mein Weg
Wird ihr Weg werden.

Ich nehme in Empfang
Und gebe weiter.
Ich lerne, um zu lehren.

Ich bin, weil ihr wart
Und ihr sein werdet.

Ich strebe für euch,
Wie ihr für mich strebtet.

Ich opfere meinen Schweiß
Und werde euer Floß
In wilden Strömen.

Ich will, damit ihr wollen könnt.
Denn ihr Wille wollte mich.

Zeitenwanderer

Sie lebten,
Wie wir leben
Und sie einst
Leben werden.

Wir sind Ahninnen
Und Erben im
Ewigen Werden
Des Organismus
Der Erde.

Wiege, Heirat
Und Bahre und
Noch mehr Tage
Der Wunder und
Abenteuer.

Der Blick zurück
Im Blick nach vorn.
Der Dorn der Vergangenheit
Und der Sog der goldenen Zukunft.
Beides bricht sich im ewigen Licht
Des Augenblicks.

Kerzenschein

Im flackernden Licht der Kerzen
Saß ich mit meinen Großeltern.
Der Strom war ausgefallen
Und wir brauchten Kerzenschein.

Sie erzählte ihre Geschichten.
Er erzählte seine Geschichten.
Ich lauschte und
Ich staunte.

Ihre Leben waren so wunderbar
Und abenteuerlich gewesen.
Ihre Geschichten hatten Passion
Und die richtige Portion Liebe.

Heute erinnere ich mich
An ihre Geschichten.
Sie sind nicht mehr,
Doch in mir lebt das Meer
Ihrer Erlebnisse fort,
Weil sie sie erzählten
Und ich sie behielt,
Um sie weiterzuerzählen,
Damit sie andere ebenfalls
Weitergeben.

Deine Wahrheit

Am Ende wirst du dein Leben
Vor deinen Augen vorbeiziehen
Sehen.

Alles was du tatest,
Wird dich erwarten
Am Ende deiner Tage.

So ging es auch deinen Ahnen
An ihren letzten Tagen.
Denn auch sie sahen
Das Erbe ihrer Taten.

Sieh der Wahrheit ins Gesicht,
Deine Taten definieren, was du bist.
Sieh dir selbst ins Gesicht und
Erkenne, wer du wirklich bist!

Ernten

Die Wege des Lebens
Sind verwegen und
Voll unerwarteter
Schicksalsschläge.
So war es immer und
So wird es bleiben.

Junge Möhren und
Alte Gäule.

Das Feld der Welt
Wird von uns Menschen bestellt.
Wir ernten, was wir säen,
Obwohl wir alle Liebe
Und Frieden wählen,
Tun sie zu selten geschehen.
Lasst uns bessere Samen säen.

Blicke treffen sich und
Vergessen sich nicht.

Langsam geht der Atem
Und groß war das Geschrei
Am letzten und ersten Tag.

Neue Zeiten

Die Schlacht war um
Und er blieb stumm liegen.
Tränen liefen.

Mütter weinten
Und Feinde greinten
Zu oft in der Geschichte.

Unsere Ahnen lebten
In unsicheren Zeiten
Mit zu viel streiten.

Unsere Kinder sollen lachen
Und in Frieden leben
Und Glück erleben.

Wir sind mittendrin.
Wir sind die, die das
Erbe der Erde weitergeben.
Wir sind die, die es
Besser machen können.

Vier G.

Ihr Lachen ist gleich
Dem Lachen ihrer Uroma
Vor neunzig Jahren.

Sie weint,
Wie sie weinte.

Sie wird Geschichten
Über uns erzählen,
Wie heute ihre Uroma
Ihre Geschichten erzählt.

Vier Generationen lebendig
In einem Kreis.
Vier Generationen in einem
Einzigen Augenblick vereint.
Vier Generationen,
Die gemeinsam lachen, tanzen
Und Scherze machen.

Alte Festtage

Seit Ewigkeiten
Vereinen Festlichkeiten
Familien.

Seit Generationen
Sind wir geborgen
Im Kreis der Gleichen.

Wir lernen unsere Art,
Sowohl hart als auch zart
Und finden uns ein.

Wir sind ein Teil
Des Gemeinsamen
Wie ein vielgliedriger Leib.

Heute feiern wir dieses Fest,
Wie einst vor uns die Ahnen,
Die uns ähnlich waren.

Einiges ist neu daran
Und vieles uralt.
Ewiger Neubeginn.

Ostern

Vier Generationen
An einem Tisch zu Ostern.
Alle wurden erzogen
Ohne Kloster.

Uroma, Oma, Mama
Und Enkelkind
Mit einer DNA,
Die einfach stimmt.

Die Jüngste ist grad vier
Sie ist die Geliebteste hier
Und steckt voll Energie
Am Osterfeste.

Die Älteste am Tisch
Einst noch den Krieg sah.
Sie wirkt noch frisch
Trotz ihrer neunzig Jahr.

Alle sind bereit
Für Eier und Geschenke.
Alle sind vereint
Und warten auf
Des Hasen Spende.

Du wirst geliebt!

Akzeptiere!
Ergreife!
Nimm an!

Sie sehen zu dir,
Obwohl sie tot sind.
Sie hören dir zu,
Obwohl sie tot sind.
Sie sind bei dir,
Obwohl sie tot sind.

Deine Ahnen leben durch dich weiter. Sie lebten, damit du leben kannst. Sie kämpften, damit du glücklich bist. Sie gaben nicht auf, damit du heute sein kannst. Deshalb sind sie in jedem Moment deines Lebens für dich da, um dich zu stärken, um dich aufzubauen, um dich zu lieben.

Sternschnuppen

Tausend Jahre sind ein Tag
Im Lauf unserer Ahnen.

Ewigkeiten vergehen
Und niemand bleibt bestehen.

Wunder ungesehen
Lassen Kinder entstehen.

Die ewige Jagd
Nach dem unsterblichen Gral.

Der Nordstern am Horizont
Wird uns ewig folgen.

Samen der Zeiten
Uns das Heim bereiten.

Millionen Menschen werben,
Um nicht einsam zu sterben.

Wanderer

Der Weg in den Himmel
Ist der Weg in die Vergangenheit
Unserer Menschheit.

Der Weg zu den Sternen
Liegt im Begreifen
Unserer Erben.

Der Weg der Herzen
Überwindet alle Schmerzen
Und wacht über die Kinder.

Wir Menschen wandern seit Millionen Jahren auf dieser Erde. Wir werden weiter wandern immer auf der Suche nach Liebe und Frieden. Vielleicht springen unsere Erben wirklich zu den Sternen. Dann nehmen sie unsere Wünsche mit und die Hoffnung auf Glück.

Geschichtenbaum

Alter Baum.
Natürlicher Altarraum.
Heimat der Geister
Und Geschichten.

Unter dir gelebt
An jedem Weg.
Bei dir geruht
Zu jeder Zeit.

Wir Menschen
Und die Bäume
Sind verbunden
Seit Äonen.

Wir Menschen
Und die Bäume
Haben vor Generationen
Treue geschworen.

Die heilige Eiche der Ahnen.
Esche der Schicksalsbahnen.
Das Weiß der Mutterbirke
Und des Herbstes Nüsse.

Glut

Offene Tore.
Regenschauer.
Hagelsturm.

Wahre Momente
Im Rauch der Asche,
Als das Feuer erlosch.

Wahrheit hart und zart.
Träume und Gefühle
Aus einer anderen Zeit.

Zweifel nicht
Am höheren Ich.
Zweifel nicht an
Den Geistern der Vergangenheit.

Wir sind Äste
An einem alten Baum.
Wir sind lebende Träume
Der Alten.

Ein Blatt fällt.
Sein Flug ist Magie, so wie
Der Schmetterling am
Andern Ende der Welt.

Erwartungen

Bilder
Von vor hundert Jahren.
Taten
Von vor hundert Jahren,
Die die Gegenwart tragen.

Gedanken
Aus vergangener Zeit.
Wünsche
Sind seit damals gereist,
Um heute wahr zu sein.

Leben,
Die vergehen
Und Leben,
Die Leben gebären.
In der Ferne und der Nähe
Liegen Wehen.

Menschen
Auf Bierbänken und
Kinder in Sandkästen.
Was auch immer sie denken,
Wird die Zukunft lenken.

Metropolis

Der Strom der Massen
Vor dem Fenster in der alten
Königsallee.
Einst schwadronierten
Passanten und marschierten
Pickelhauben hier.
Heute gibt es Shoppingtrauben.

Was wurde aus der
Guten alten Zeit?
Was aus ihrer
Ungerechtigkeit?
Wo ist der Schmutz und Tod
Und wo der Glanz und der Triumph?

Schritte ohne Knickse.
Schnitte und Gerüche.
Blicke und Gefährten,
Die nebeneinander lächeln.
Reste aus der alten Zeit.
Neue Seiten im Sonnenschein
Und bei Nacht hat´s gekracht.

Drei

Dieser Zug.
Euer Pferd.
Ihr Fluggerät.

Mittendrin.
Dahinter.
Davor.

Augenblicke.
Vergangen.
Zukünftig.

Digitale Fotos.
Malerei.
Drei D Projektion.

Weißt du wirklich,
Was ist?
Erkennst du ehrlich,
Was war?
Verstehst du viel
Von dem, was sein wird?

Geschenke

Ich sehe,
Was ihr sätet.
Ich spüre,
Wohin ihr führtet.

Diese Welt ein Produkt
Eures Glücks.
Dieses Leben
Von euch gegeben.

Ich gehe
Mit eurem Segen
Und nehme
Eure Wege.

Ich sehe euch
Und liebe euch.
Mein Dank
Sei euch gewiss.

Ich spüre und
Ich fühle euch.
Weil ihr schuft,
Bin ich heute gut.

Fackelträgerin

Kleine Momente.
Große Wirkung.
Ein runder Bauch.

Hoffnungen fliegen.
Ängste wachsen.
Die Gefahren einer Geburt.

Wünsche und Gebete.
Liebe und Erzähltes.
Strampeln und Geschrei.

In der Mitte der Familie.
Das kleine Babybett.
Im Kreis seiner Liebsten.

Ein neues Leben.
Träger des Erbes
Und Bewahrer der Geschichten.

Der Fluss

Ein einsames Boot treibt im Nebel. Es ist der Fluss der Toten, der in die Unterwelt führt. Eine einsame, verwirrte Seele mit Erinnerungen, die nicht ganz die ihren sind.

Ein einsames Boot treibt im Fluss und du spürst jede Welle des Flusses. Es ist deine Fahrt zur anderen Seite.

> Erinner dich.
> Erinner dich.
> Erinner dich.
> Vergiss mich nicht.
> Vergiss uns nicht.
> Vergiss die Liebe
> zwischen uns nicht!

Trauerfeier

Für immer
Und nimmer mehr.
Ewig und
Niemals.

Im Spiegel
Die Scherben.
Im Herz
Der Schmerz.

Tot
Am Grab.
Nur vergilbte
Bilder.

Alte
Kindheitserinnerungen.
Neues
Unmögliches.

Zerrissene
Zeit.
Momente
Der Ewigkeit.

Viele Seelen.
Unerledigt.
Aufgehört.
Unerfüllt.

Mit euch

Nie wieder ohne euch!
Nie wieder einsam sein.

Ja, ihr seid tot und
Und doch spüre ich euch.
Ja, ihr seid vergangen,
Doch in mir lebt ihr fort.
Ja, ihr seid nicht mehr,
Doch lebt in meinem Herz.

Dank euch bin ich geerdet.
Dank euch bin ich frei.
Dank euch kann ich hoffen.
Dank euch werden meine Träume wahr.

Ihr seid fern und nah.
Nichts, was je ferner
Oder näher war.
Ihr seid weg und da.
Nichts was je weiter weg
Oder mehr da war.

Ich fühle euch und lächel.
Ich liebe euch und lebe.

Segel der Zeit

Harte Arbeit.
Karges Brot.
Endlose Not
Erscheint.

Wahre Worte
Im Angesicht
Des Lichts
Am Orte.

Wege ins Leben
Aus alter Zeit
Mit dem Geist
Zu streben.

Meine Vorfahren
Lebten stolz
Als freies Volk
Der Wahren.

Ihre Kraft
Lebt in mir
In der Harmonie
Der Macht.

Mit ihnen verbunden
Durch das Herz
Und den Wert
Wahrer Kunde.

Elternzeit

In ihrem Bauch
Wächst mein Kind.
In ihrem Bauch
Wuchs ich als Kind.

Du bist geboren:
Deine Ahninnen hatten geschworen,
Alles für dich zu geben.
Ja, vielleicht waren sie nicht perfekt
Und in ihnen haben Fehler gesteckt.
Aber auch du bist nicht perfekt,
Weil in jedem von uns Fehler stecken.

Die Welt ist chaotisch
Und idiotisch obendrein.
Es ist schwer Eltern zu sein.
Ich will es wagen
An guten und schlechten Tagen
Für mein Kind und alle,
Die nach ihr sind.

Für meine Ahnen!

Für euch will ich weitergehen
Und niemals aufgeben!

Für euch meine Ahnen!
Für euch.

An euren Gräbern schwor ich.
An eure Kraft glaubte ich.
Für euch! Für euch!

Ich werde den Stürmen trotzen.
Ich werde die Feinde foppen.
Ich werde gegen alle Widerstände aufbegehren
Und ich will in eurem Namen siegen.

Für euch meine Ahnen!
Für euch geehrte Vorfahren!

Reisen

Ich reise bis ans Ende der Zeit, um sie zu sehen: all meine Ahnen und Erben. Ich will wissen, wer sie sind. Ich will wissen, wie sie leben. Ich will ihre Sorgen kennen und ihre Träume fühlen. Ich will verstehen, was sie besonders macht.
Ich sehe alle ihre Gesichter und höre ihre Namen, manche in Sprachen, die mir unbekannt. Ich sehe, wie sie leben und höre, wie sie singen und lachen.
Ich fliege durch die ganze Zeit und reise als ein Zeitgeist, um zu wissen, woher ich kam und von wem. Ich reise bis ans Ende der Unendlichkeit, um zu sehen, wie meine Erben weiterleben. Ich nehme Teil an ihrer aller Leben, wenn auch nur für einen Moment und ich verstehe, wer sie wirklich sind und was ihr Herz begehrt.

Das größte Geschenk

Das Geschenk
Der Erinnerung
Ist kostbar.

Die Gabe
Der Geschichten
Unserer Ahnen
Ist ein Schatz.

Die Artefakte
Aus dem Boden
Und die Funde
Der Archäologen
Machen uns reich.

Die Vergangenheit
Prägt und formt ums.
Die Vergangenheit
Ist unsere Heimat.

Sonnenkinder

Siegessonne strahle
Und befreie das Land.
Siegessonne bewahre
Den heiligen Stand.

Am Himmel warm und hoch
Leuchtet sie uns den Weg
Seit vielen Generationen.
Am Himmel klar und wahr
Steht sie uns bei allem bei.

Siegessonne lache
Und sei unser Haus.
Siegessonne verlasse
Niemals deinen Lauf.

Am Himmel groß und stark
Strahlt unsere Muttersonne.
Am Himmel heiß und sagenhaft
Strahlt unsere Muttersonne
Und gibt den Kindern Kraft.

Siegessonne scheine
Und sei unser Dach.
Siegessonne reite
Mit uns ins gelobte Land.

Dunkle Zeitalter

Augen blicken trübe
Ins fahle Feuer.
Knochen ruhen müde
Auf der Lauer.

Ihre Hoffnung schwand
Im Angesicht der Wahrheit.
Der Alltag verwandelt
Sich in Faulheit.

Das Baby kreischt
Vor Hunger
Und die Mutter weint
Vor Kummer.

Niemand weiß wie,
Aber das Kind überlebt.
Aus seinen Lenden fiel
Neues Leben.

Dunkle Wolken ziehen
Wieder am Horizont auf.
Armeen überfielen
Wieder und haben geraubt.

Auch im Krieg
Mancher Spross überlebt,
Sie wie in der Harmonie
Nur dort überlebten sie
Mit Liebe.

Einzigartiger Augenblick

Das Ende naht
Für jeden Mann.
Der letzte Augenblick
Im Leben eines Kinds.

Endlich.
Vergänglich.
Verplempert nicht
Die Zeit, die wir
Zusammen sind.

Wir sind hier.
Wie lange noch?
Was ist, verschwindet
Irgendwann und irgendwie.

Hier mit mir
Sollten wir
Keine Zeit verlieren.
Genießen wir, was uns gegeben,
Bevor wir zu Ahnen werden.

Im Boot

Der Weg aus der Höhle
Liegt im Dämmerlicht.
In der Abendkühle
Finde ich dich.

Wo der Kuckuck ruft,
In den Wipfeln der Bäume,
Hab ich nach dir gesucht
Und in meinen Träumen.

Im Nebel brechen
Sich die Geister,
Die mich retten
Und weisen.

Das Boot ist leer.
Doch deine Asche reist.
Das fahle Bild wiegt mehr
Als die Vergangenheit.

Mamas und Papas

Mama und Papa
Sind.
Mama und Papa
Werden.
Mama und Papa
Waren.

Eltern reihen
Sich an Eltern.
Kinder zeugen
Kinder.

Aus dem Endlosen
Bis ins Endlose.

Eben noch gekrochen,
Dann schon gerannt
Und wenig später
An Krücken gegangen.

Ihre Augen sehen mich
Und ich sehe sie
Im Zukunftslicht.

Gemeinsam

Ihr seid mein Morgenlicht
Und ich euer Horizont,
Der ins Weltmeer aufbricht.

Ihr seid meine Wurzeln
Und ich die Blätter,
Die im Gipfel sprießen.

Ihr seid mein Anfang
Und ich euer Ende.
Was uns verbindet,
Wird niemals enden.

Ich geh mit euch,
So wie ihr mich saht.
Ich leb mit euch
An jedem Tag.
Ich träume euren Traum
Und werd ihn aufbauen.
Ich danke euch,
Weil ich euch mag.

Ihr seid mein Segen
Und ich eure Zukunftswege.
Ihr seid mein Glück
Und ich schaue gern zurück.

Über den Autor:

    Niemand,
    Niemals,
    Nirgendwo
    Im Strom zahlloser Sterne,
    Am Band einer langen Kette,
    Am Ast eines alten Baums.